스물여섯 단어로 배우는 **흥미진진한 우주 이야기** 　**키즈 유니버시티**
KIDS UNIVERSITY

우주의
ABC

"ABCs OF SPACE"

크리스 페리·줄리아 크레제노 지음 | **정회성** 옮김

Asteroid
소행성

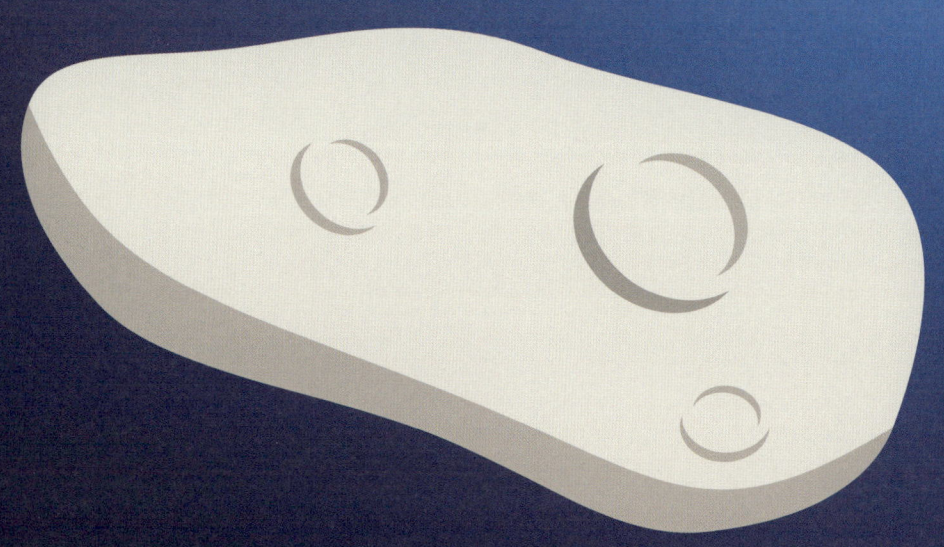

소행성은 태양 둘레를 도는 커다란 바윗덩어리예요.

소행성은 행성처럼 태양 둘레를 돌지만 행성보다 작기 때문에 소행성이라는 이름이 붙었어요. 모양도 둥글지 않고 울퉁불퉁 이상한 것들이 많지요. 소행성의 수는 굉장히 많아서 과학자들이 찾아낸 소행성만 수백만 개가 넘고, 더 작은 소행성은 그보다도 훨씬 많아요. 소행성들은 대부분 화성과 목성의 궤도 사이에 있어요.

Binary star
쌍성

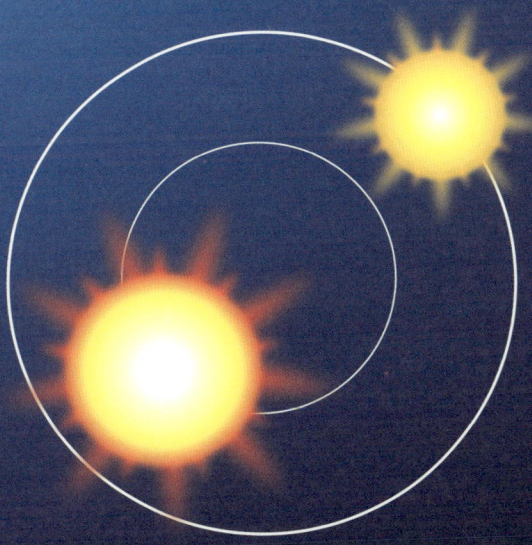

**쌍성은 서로를 끌어당기는 힘으로
같은 중심을 두고 공전하는 두 개의 별이에요.**

쌍성은 보통 함께 태어나기 때문에 나이가 같아요. 둘은 서로를 같은 크기의 중력으로 끌어당기지요. 쌍성의 가상의 질량 중심은 두 궤도의 중심이에요.

Comet
혜성

혜성은 아주 큰 궤도로 태양 둘레를 도는 얼음과 바위의 덩어리예요.

혜성의 궤도는 원 모양일 때보다 아주 기다란 타원 모양일 때가 많아요. 혜성이 태양과 가까워지면 가스로 이루어진 머리와 꼬리가 나타나요. 태양의 열기가 얼어붙은 가스와 먼지로 구성된 혜성의 일부를 녹여서 만들어진 것이지요.

Dark matter
암흑 물질

**암흑 물질은 우리가 볼 수 없지만,
우주를 가득 채우고 있어요.**

우리는 우주에 암흑 물질이 있다는 걸 알아요. 왜냐하면 암흑 물질의 중력이 그 주변의 물질을 끌어당기기 때문이에요. 우주에 암흑 물질이 없다면 우리가 볼 수 있는 별과 은하는 지금보다 훨씬 빨리 움직일 거예요.

Eclipse
일식과 월식

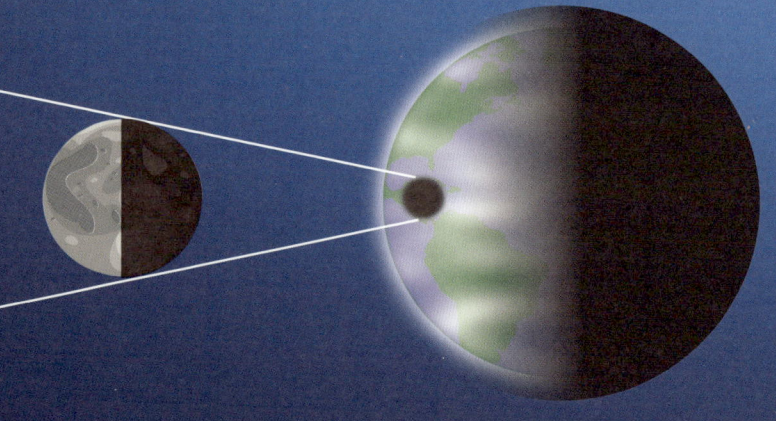

일식과 월식은 지구와 달과 태양이 일직선으로 놓일 때 생기는 현상이에요.

일식은 달이 태양과 지구 사이에 놓일 때, 달의 그림자가 지구 쪽으로 드리워지면서 일어나요. 이때 달이 태양을 완전히 가려서 보이지 않으면 '개기 일식'이라고 해요. 월식은 달이 지구의 그림자에 가려질 때 일어나요. 이때 달 전체가 지구의 그림자 안에 들어가면 '개기 월식'이라고 해요. 개기 일식과 개기 월식은 각각 1년에 한 번 정도 일어나요.

Fusion
핵융합

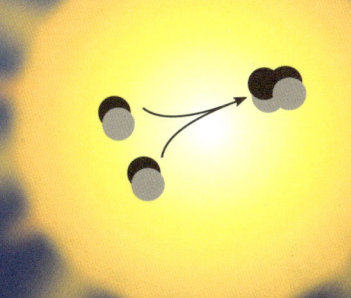

별이 가진 에너지의 원천은 별 내부에서 원자들이 결합해 새로운 원소를 만드는 핵융합이에요.

별은 태어나서 죽을 때까지 내내 수소를 헬륨으로 핵융합시켜요. 핵융합은 원자들이 결합해서 새로운 원소를 만들며 에너지를 내뿜는 과정이에요. 별이 가진 에너지의 원천이지요. 그래서 수소는 별을 살아 있게 하는 연료라고 할 수 있어요. 핵융합이 일어나려면 별의 중심부처럼 아주 높은 온도와 압력이 있어야 해요.

Galaxies
은하

은하는 많게는 1조 개에 달하는 별이 중력에 의해 모인 거대한 천체들의 무리예요.

은하의 모양은 다양해서 타원처럼 보이는 것도 있고, 태양계가 속한 우리은하처럼 나선 모양을 띠기도 해요. 은하는 별들로 빽빽이 들어찬 것처럼 보이지만, 별과 별 사이에 빈 공간이 아주 많아요. 은하가 우리 눈에 흐릿하게 보이는 이유는 별들이 지구에서 너무 먼 곳에 있기 때문이에요.

Habitable zone
생명 가능 지대

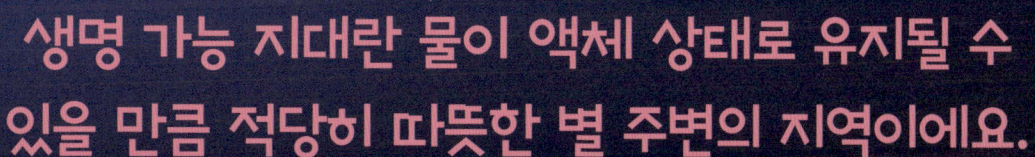

생명 가능 지대란 물이 액체 상태로 유지될 수 있을 만큼 적당히 따뜻한 별 주변의 지역이에요.

우리가 현재 알고 있는 생명체들은 모두 액체 상태의 물이 있어야 살 수 있어요. 생명 가능 지대에 있는 행성은 너무 뜨거워서 물이 증발해 버리거나 너무 차가워서 물이 얼어붙지 않을 만큼 적당한 표면 온도를 가질 거예요. 모든 별의 주변에는 생명 가능 지대가 있지만, 그곳에 항상 행성이 있는 건 아니랍니다.

Inflation
급팽창

급팽창은 빅뱅 직후 일어난
우주의 엄청나게 빠른 팽창을 말해요.

우주의 탄생을 가져온 거대한 폭발을 '빅뱅'이라고 해요. 빅뱅이 일어난 직후 우주는 순식간에 엄청나게 빨리 팽창했어요. 이때 모든 물질과 에너지가 퍼져 나가서 어마어마하게 커다란 우주를 만들었지요. 여러분이 이 책을 읽는 바로 지금도 우주는 계속 팽창하고 있답니다.

Jupiter
목성

목성은 태양계에서 가장 큰 행성이에요.

목성과 그다음으로 큰 세 행성인 토성, 천왕성, 해왕성은 대기 아래에 고체로 된 단단한 표면이 없어서 '거대 기체 행성'이라고 해요. 이 외에 태양계를 이루는 다른 네 행성인 지구, 금성, 화성, 수성은 모두 고체로 된 표면을 가지고 있어서 '지구형 행성'이라고 한답니다.

Kepler's laws
케플러 법칙

케플러 법칙은 행성이
어떻게 항성의 둘레를 도는지 설명해 줘요.

독일의 천문학자 케플러는 행성의 운동에 관한 세 가지 법칙을 발표했어요.
1. 행성은 타원 모양의 궤도를 그리며 별의 둘레를 돈다.
2. 행성은 별에 가까울수록 더 빨리 움직인다.
3. 더 큰 궤도를 도는 행성은 궤도를 도는 데 더 오래 걸린다.

Light year
광년

1광년은 빛이 1년 동안 이동하는 거리예요.

빛은 매우 빠른 속도로 움직여요. 1년에 10조 킬로미터나 이동하거든요! 태양에서 가장 가까운 별은 지구에서 4.2광년 떨어진 곳에 있는 '프록시마 센타우리'예요. 이 별에서 출발한 빛이 우리에게 도달하는 데 4.2년이 걸린다는 뜻이지요. 그러니까 우리가 프록시마 센타우리를 볼 때, 그건 4.2년 전의 프록시마 센타우리인 거예요!

Moon
달

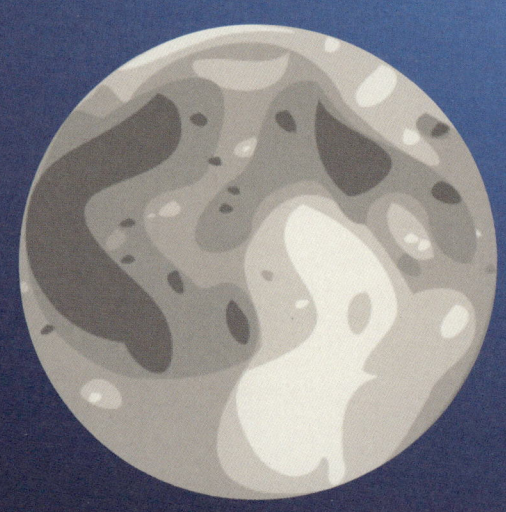

달은 지구의 하나뿐인 위성이에요. 우주에는 위성이 없는 행성도 있고, 위성이 여러 개인 행성도 있어요.

달은 지구보다 작아서 중력이 약해요. 그래서 우리가 달에 서 있으면 몸무게가 6분의 1밖에 나가지 않아요. 달은 인간이 최초로 발 디딘 천체지만, 아직도 탐험할 게 많아요. 달을 탐험해 나가면 언젠가 인류가 화성이나 그 너머의 우주를 방문하는 데 도움이 될 거예요!

Neutron star
중성자별

중성자별은 커다란 별이 죽은 뒤에 남은 압축된 중심핵이에요.

커다란 별은 수명이 다해서 죽을 때 밀도가 굉장히 높은 중심핵을 남겨 두고 엄청난 에너지를 내뿜으며 폭발해요. 이 중심핵은 지름이 몇 킬로미터밖에 안 되지만, 태양보다도 무겁답니다! 중성자별이 너무 무거워지면 붕괴해서 블랙홀이 생겨나요.

Orbit
궤도

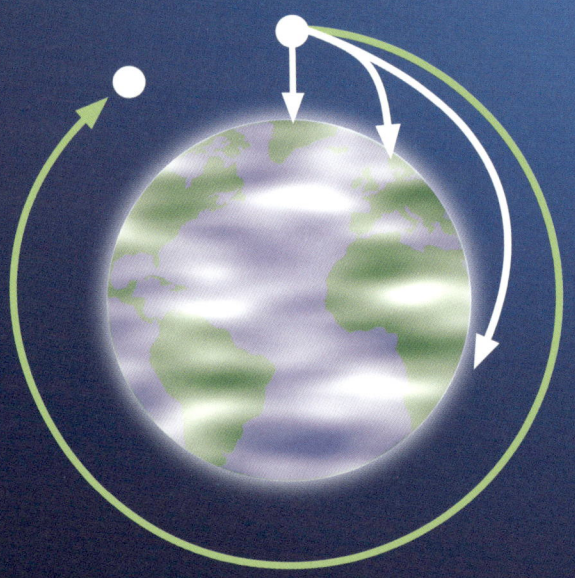

궤도는 중력의 영향을 받아 한 물체가 다른 물체 주위를 돌면서 움직이는 길이에요.

달은 지구 주위를 궤도 운동하고 있어요. 이때 달은 '자유 낙하'를 하는 거예요. 지구로 떨어지고 있다는 뜻이지요. 그런데 달과 지구가 부딪치지 않는 이유는 뭘까요? 달이 옆쪽 방향으로 충분한 속도를 가지고 움직이기 때문이에요. 이 속도가 충분하지 않으면 달은 중력에 의해 지구 쪽으로 점점 가까워져 충돌하고 말 거예요.

Penumbra
반그림자

본그림자

반그림자

반그림자는 일식이 만드는 그림자의 바깥쪽에 있는, 빛이 일부만 가려진 부분이에요.

개기 월식이 일어날 때, 달은 지구가 햇빛을 가려서 만드는 그림자의 가장 어두운 가운데 부분인 '본그림자'에 들어가요. 그 전에 달은 반그림자 영역을 지나지요. 달의 일부만 본그림자에 가려질 때를 '부분 월식'이라고 해요.

Quasar
퀘이사

퀘이사는 우주에서 아주 밝은 빛을 내는 물체 가운데 하나예요.

퀘이사는 은하의 중심에 있는 가스와 별을 삼키는 블랙홀이에요. 블랙홀 자체는 어둡지만, 블랙홀이 빨아들이는 물질은 사라지기 전에 뜨거워지며 밝게 빛나요. 일부 물질은 블랙홀의 위와 아래 양쪽 방향으로 강력하게 뿜어내는 제트 현상을 만들어 내요.

Red Giant
적색 거성

적색 거성은 수명이 다했을 때 본래 크기의 100배까지 팽창하는 별이에요.

작은 별이나 중간 크기의 별이 중심핵에 있는 수소 연료가 거의 없어져 수명이 끝나갈 때, 그 별은 팽창하면서 적색 거성이 돼요. 붉은 별은 흰 별이나 파란 별보다 온도가 낮아요. 과학자들은 지금부터 약 50억 년 뒤에는 태양도 적색 거성이 될 거라고 생각한답니다.

Satellite
위성

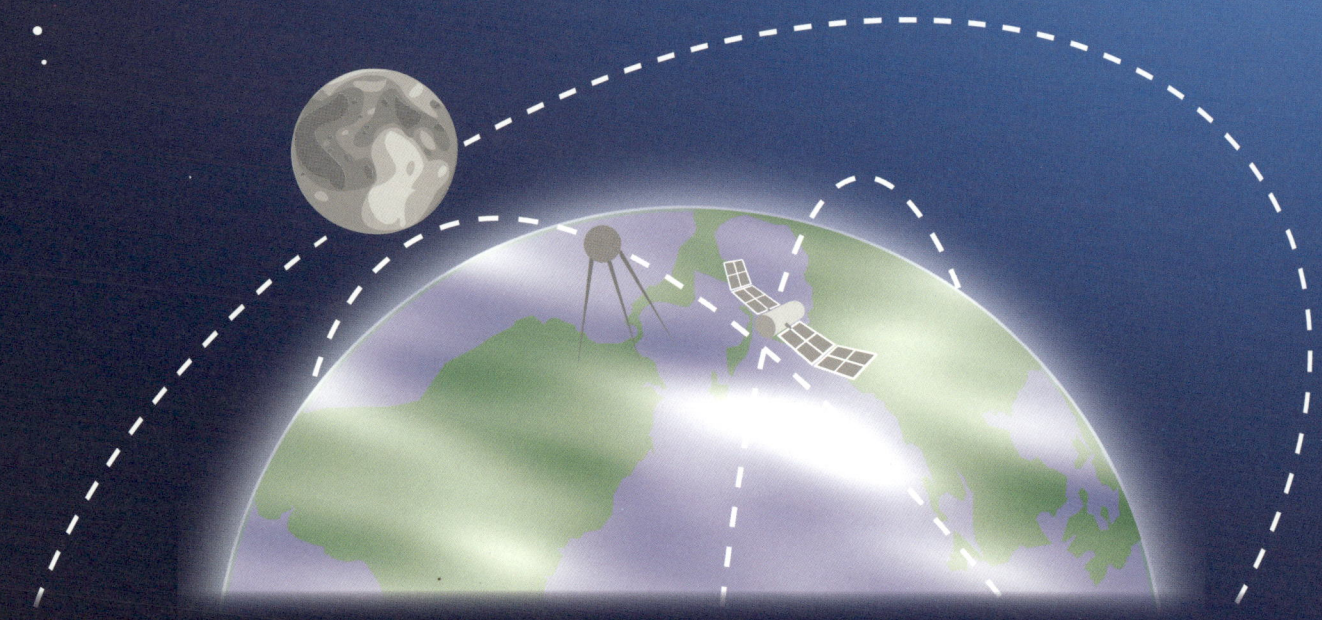

위성은 행성의 둘레를 도는 천체예요.

위성에는 자연 위성과 인공위성이 있어요. 달은 지구의 하나뿐인 자연 위성이에요. 인공위성은 인간이 로켓으로 쏘아 올려 지구 궤도를 도는 통신 위성이나 우주 망원경 등을 말해요.

Tides
조수

 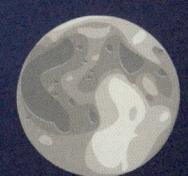

조수는 중력이 당기는 힘에 의해 바닷물이
높아지거나 낮아지는 걸 말해요.

중력이 끌어당기는 힘은 가까울수록 커지고, 멀어질수록 작아져요. 위 그림에서 달은 달에서 가장 가까운 곳의 바닷물을 당겨 솟아 오르게 해요. 또 가장 먼 쪽의 바닷물은 달이 당기는 힘이 약해 달에서 멀어지지요. 지구는 하루에 한 바퀴 자전하기 때문에, 한 지역의 바닷물은 하루에 두 번씩 높아졌다가 낮아져요.

Universse

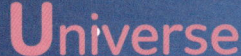

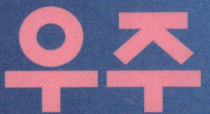

우주

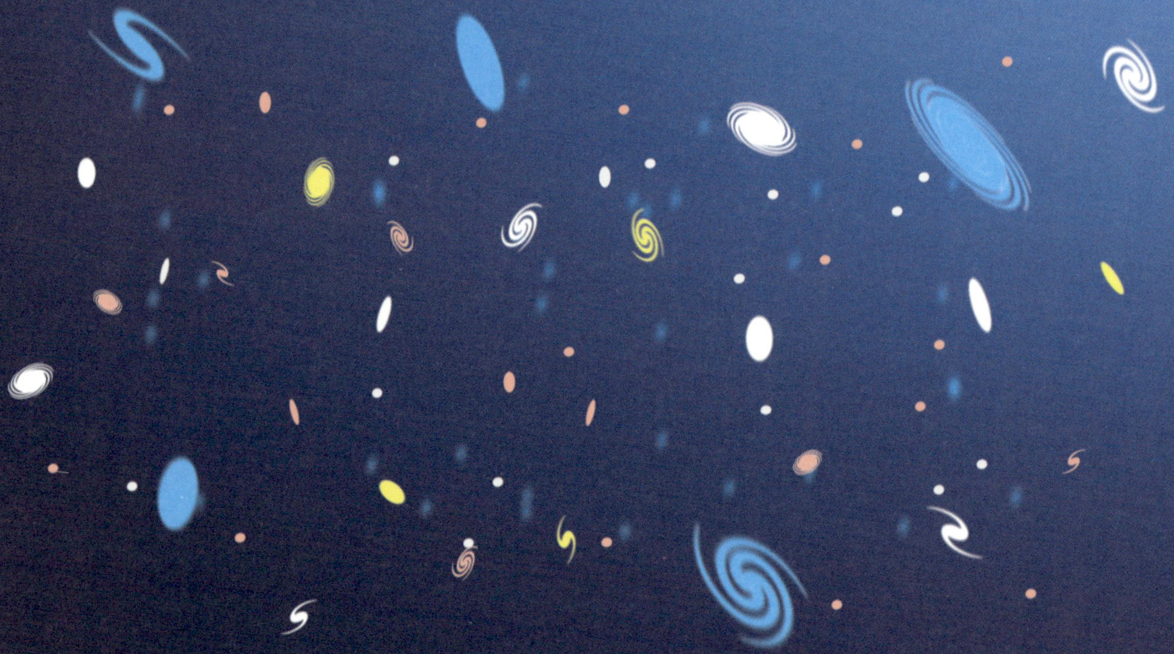

우주는 행성과 별, 물질과 에너지, 그리고 시간과 공간까지 포함한 모든 것을 말해요.

우주는 약 138억 년 전에 빅뱅과 함께 시작되었어요. 그 뒤로도 우주는 계속 팽창하고 있지요. 빅뱅 이전에 무엇이 일어났는지는 아무도 몰라요. 우주에는 중심도 없고, 가장자리도 없답니다!

Visible light
가시광선

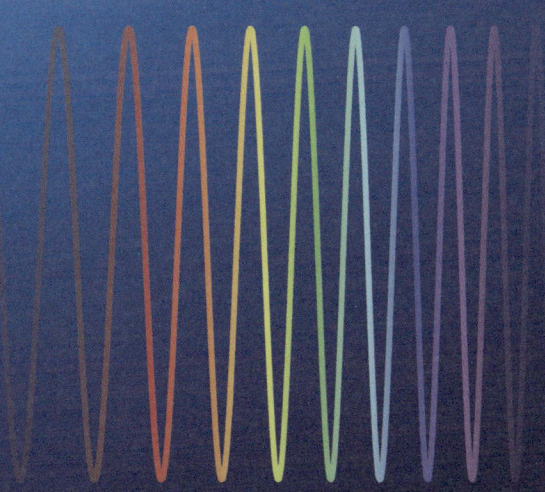

가시광선은 사람의 눈으로 볼 수 있는 빛이에요.

빛은 파장(파동이 한 번 출렁이는 주기의 길이)에 따라 전파부터 감마선까지 나뉘어요. 가시광선의 파장은 전파와 감마선 사이에 있어요. 여기에는 빨간색에서 보라색까지 무지개의 모든 색이 들어 있어요.

White dwarf
백색 왜성

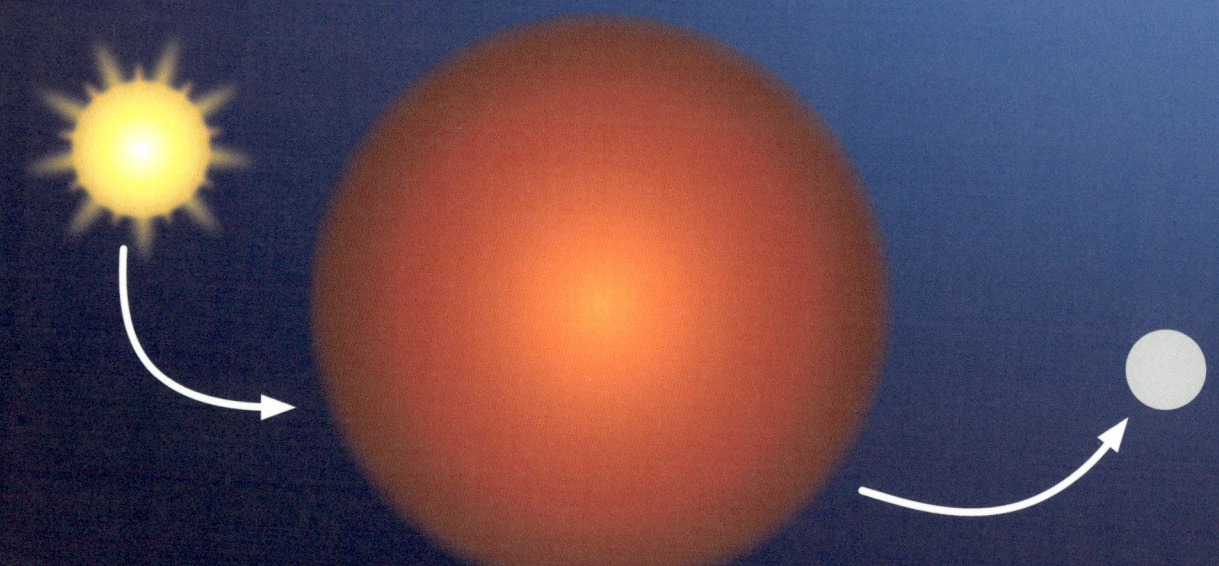

백색 왜성은 작은 별이 죽은 뒤에 남은 핵이에요.

우리 태양처럼 중간 이하 크기의 별은 적색 거성이 되지 못해요. 부풀어 오른 바깥쪽 부분을 붙잡을 만큼 중력이 강하지 않거든요. 바깥쪽 부분이 모두 우주로 날아가면 작은 흰색 중심핵만 남아요. 이것이 백색 왜성이에요.

X-ray telescope
엑스선 망원경

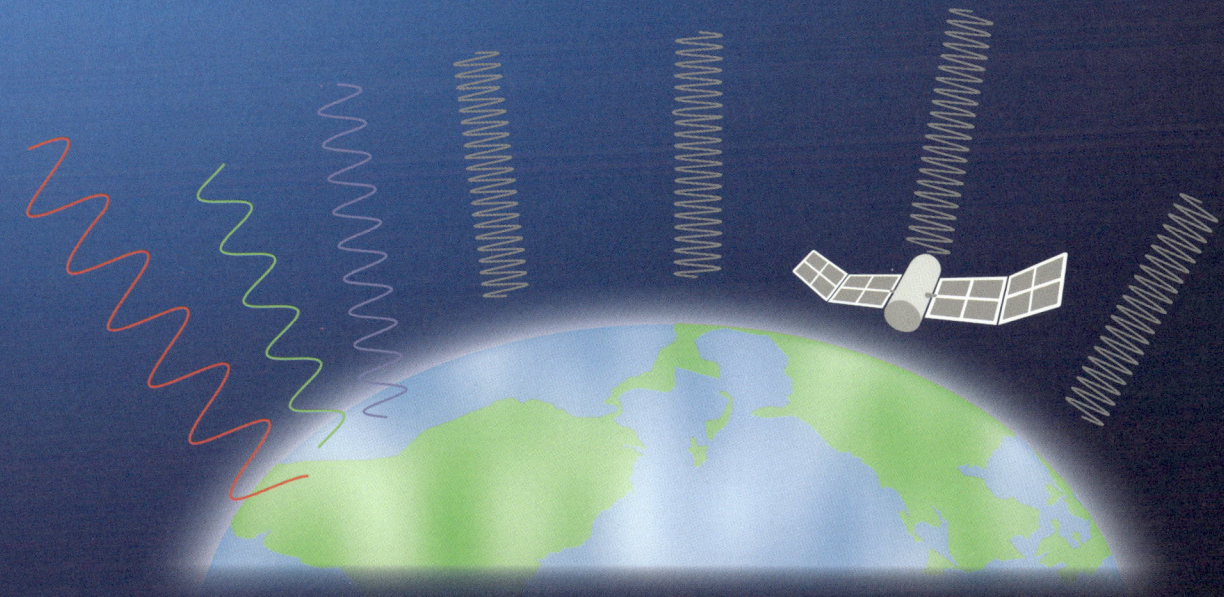

엑스선 망원경은 우주의 엑스선을 모아 관측하는 우주 망원경이에요.

엑스선은 전파, 가시광선, 자외선처럼 빛의 한 종류예요. 엑스선은 가시광선과 달리 지구 대기를 거의 통과하지 못해요. 그래서 엑스선 망원경으로 우주를 관찰하려면 지구 대기 바깥의 우주 공간에 설치해야 한답니다.

Year
1년

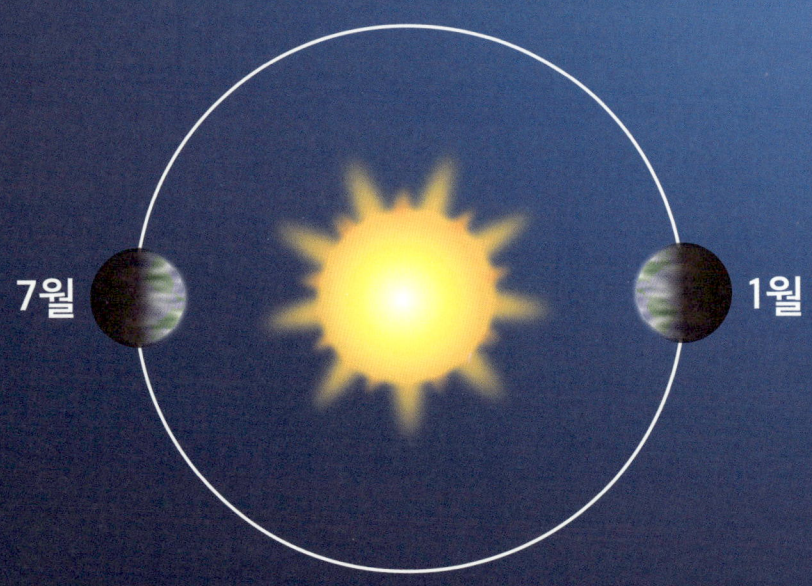

7월 | 1월

1년은 지구가 태양 둘레를 한 바퀴 도는 데 걸리는 시간이에요.

지구가 태양 둘레를 한 바퀴 도는 데는 약 365.25일이 걸려요. 그런데 우리는 1년을 365일로 정해 놓았지요. 이는 지구가 태양 둘레를 네 바퀴 돌 때마다 하루씩 어긋난 다는 걸 뜻해요. 우리는 이 어긋난 하루를 보충하기 위해 지구가 태양 둘레를 네 바퀴 돌 때마다 달력에 윤년(366일)을 두고 있답니다.

Zenith
천정

**천정은 우리가 똑바로 서 있을 때
머리의 위쪽 방향을 말해요.**

우리는 지상에서 방향을 가리키기 위해 동쪽, 서쪽, 남쪽, 북쪽이라는 단어를 사용하지요? 그런 것처럼 천정은 천체의 방향을 나타내기 위해 사용하는 단어예요. 우리가 지구상의 어느 곳에 서 있든, 머리 위로 죽 뻗은 가상의 선이 천구와 닿는 점을 천정이라고 한답니다.

우주의 ABC

초판 1쇄 발행 2023년 11월 23일
지은이 크리스 페리·줄리아 크레제노 옮긴이 정회성
펴낸이 김현태 펴낸곳 책세상어린이 등록 2021년 1월 22일 제2021-000032호
주소 서울시 마포구 잔다리로 62-1, 3층(04031) 전화 02-704-1251 팩스 02-719-1258
이메일 editor@chaeksesang.com 광고·제휴 문의 creator@chaeksesang.com
홈페이지 chaeksesang.com 페이스북 /chaeksesang 트위터 @chaeksesang
인스타그램 @chaeksesang 네이버포스트 bkworldpub

ISBN 979-11-5931-999-0 74080
ISBN 979-11-5931-969-3 (세트)

잘못되거나 파손된 책은 구입하신 서점에서 교환해 드립니다.
책값은 뒤표지에 있습니다.
책세상어린이는 도서출판 책세상의 아동·청소년 브랜드입니다.
전 연령의 어린이에게 적합한 도서입니다. Printed in Korea

All rights reserved
including the right of reproduction in whole or in part in any form.
This edition published by arrangement with Sourcebooks, LLC.
This Korean translation published by arrangement with
Chris Ferrie in care of Sourcebooks, LLC through Alex Lee Agency ALA.

이 책의 한국어판 저작권은 알렉스라에이전시 ALA를 통해 Sourcebooks, LLC사와 독점 계약한 책세상에 있습니다.
저작권법에 의해 한국 내에서 보호를 받는 저작물이므로 무단 전재와 복제를 금합니다.